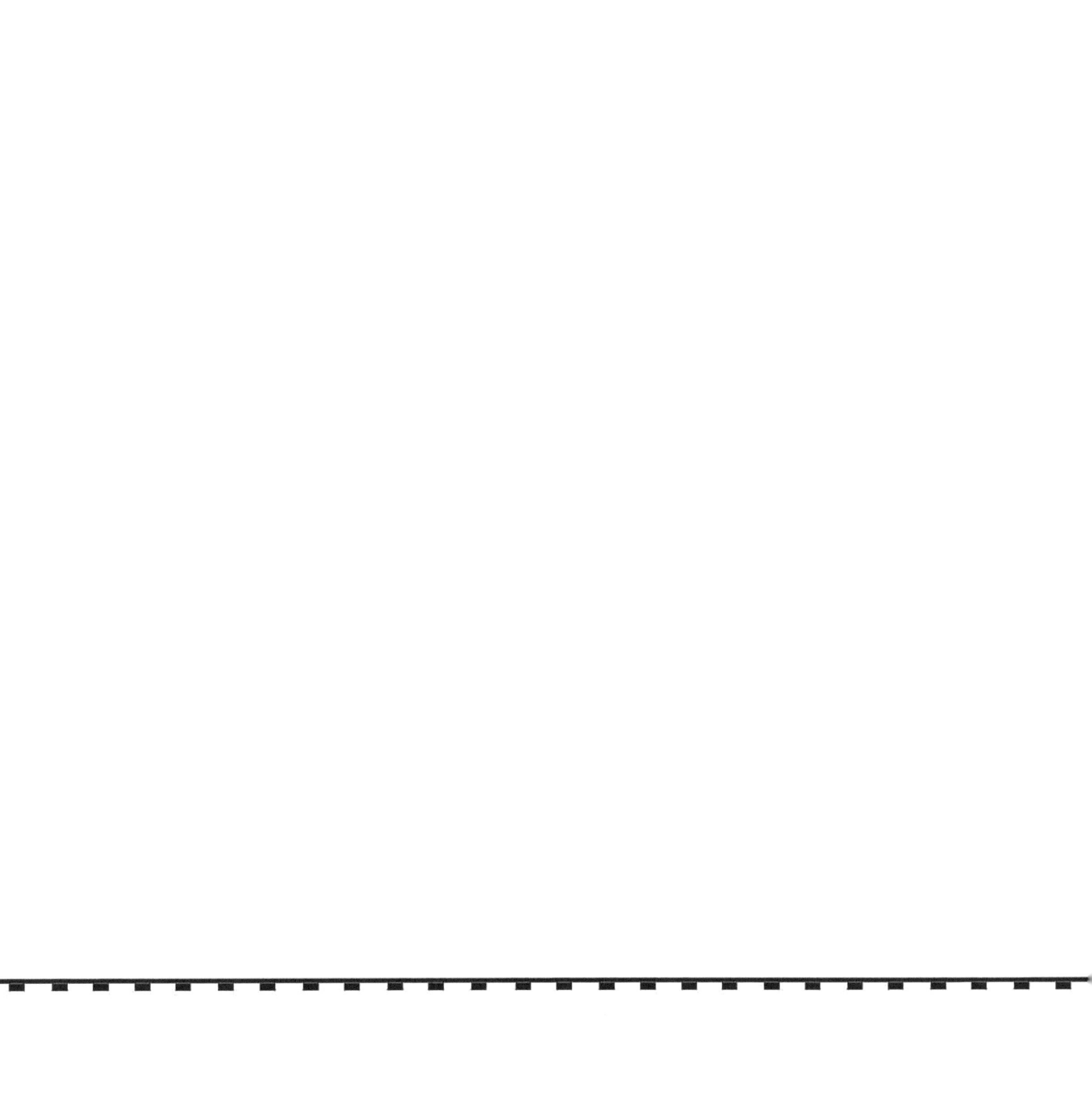

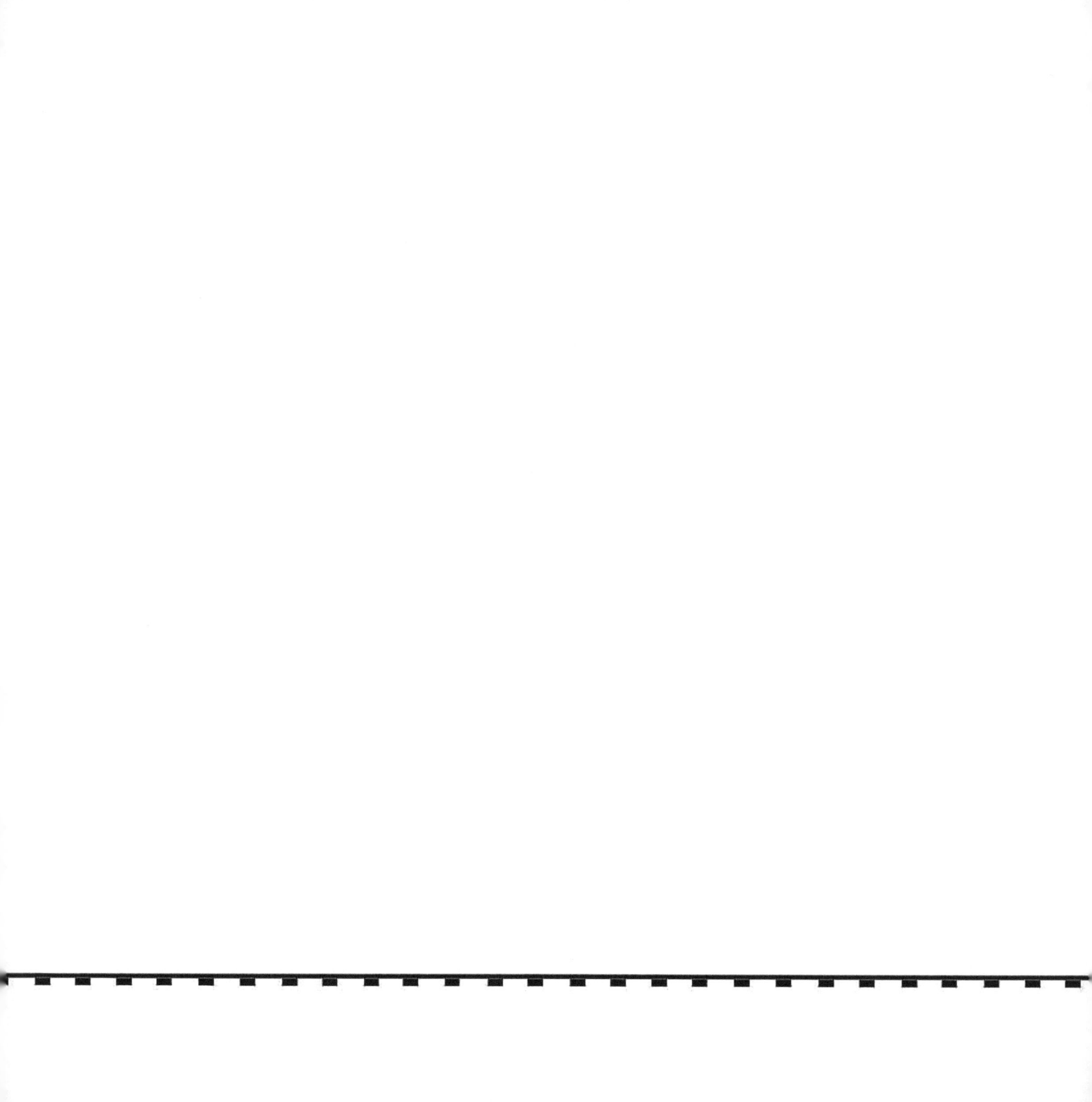

Эта книжка про мальчика Петю.
Вот он рядом со мной на портрете.
Любит он покататься,
Сесть на поезд и мчаться,
А еще любит он всё на свете.

Рассказал он мне сон по секрету:
Ночью ездил в вагоне он где-то,
И на каждом вокзале
Дети поезд встречали
И катались с ним вместе по свету.

Как же здорово весело мчаться!
Люди будут нам вслед улыбаться.
Друг, не стой на перроне,
Места хватит в вагоне,
Залезай к нам, и будем кататься!

Первой села к нам девочка Маша.
Сразу видно, что девочка наша!
«С добрым утром, дружочек!»
Подарила цветочек.
Вместе с Машей поедем мы дальше.

Как же здорово весело мчаться!
Люди будут нам вслед улыбаться.
Друг, не стой на перроне,
Места хватит в вагоне,
Залезай к нам, и будем кататься!

«Это что за страна? Не Китай?»
Угадал! А живет здесь Бохай.
Он сказал: «Ни хао!».
Не пойму ничего!
Ничего, ты наш друг, залезай!

Как же здорово весело мчаться!
Люди будут нам вслед улыбаться.
Друг, не стой на перроне,
Места хватит в вагоне,
Залезай к нам, и будем кататься!

Как же здорово весело мчаться!
Люди будут нам вслед улыбаться.
Друг, не стой на перроне,
Места хватит в вагоне,
Залезай к нам, и будем кататься!

Ехать вместе – сплошное веселье!
А в Канаде снега да метели.
Здесь нас Эмма встречала.
«Хай!» – она нам сказала.
Эмме дали мы чай и согрели.

Хай! Сэлям! Как нам весело мчаться!
Ни хао! Будут нам улыбаться.
С добрым утром! Привет!

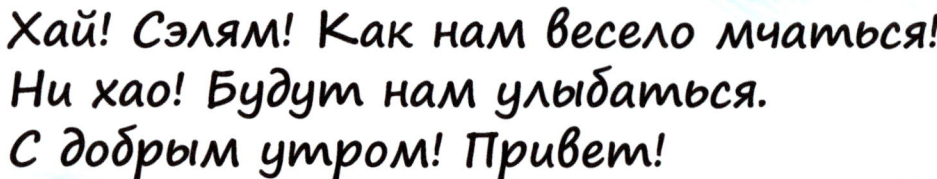

Мы объедем весь свет.
Ола, дети, давайте кататься!

Утром Петя проснулся от счастья.
Солнца луч разогнал всё ненастье.
Был во сне он с друзьями
И сливался сердцами.
Души были распахнуты настежь.

И теперь вместе с мальчиком Петей
Строим мы лучший поезд на свете.
С добрым утром! Хай! Ола!
Строим поезд веселый,
Чтоб смеялись и пели все дети.

«НИ ХАО!»
Так говорят «привет» по-китайски.

«СЭЛЯМ!»
Так говорят «привет» в африканской стране Эфиопии.

«ОЛА»
Это «привет» по-испански. На этом языке говорят в далекой стране Перу.

«ХАЙ»
Это привет по-английски.
В Канаде говорят по-английски.

Стихи: М. Эхт
Иллюстрации: Б. Брош
Дизайн-графика: А. Юделевич
Редакторский совет: С. Винокур, Н. Замир, А. Элинав
Корректор: О. Ицексон

Перевод с иврита: М. Палатник
Верстка: И. Шпиглер, А. Мухин
Подготовка к печати: М. Бруштейн, У. Шабтай
Продюсер: Э. Харари

Благодарим за участие в создании книги:
С. Рац, Т. Акерман, О. Охаюн, Р. Бернштейн,
Ш. Бэн. М. Бэн

ISBN: 978-965-7577-26-4

Напечатано в Израиле
2024

© ARI Publishers, 2024

www.ingramcontent.com/pod-product-compliance
Lightning Source LLC
LaVergne TN
LVHW070442070526
838199LV00036B/684